COULEURS & NOM8RES

Titre original : Colors & numbers

Traduit de l'anglais (US) par Éric Villeroc

ISBN : 978-2-8132-0303-8
www.editions-tredaniel.com
info@guytredaniel.fr

LOUISE L. HAY

COULEURS & NOM8RE5

votre guide personnel pour capter les ondes positives

Guy Trédaniel éditeur
19, rue Saint-Séverin
75005 Paris

Couleurs & Nombres d'un seul coup d'œil

#	Couleur	Pierre/ métal précieux(se)	Mot-clé
1	Rouge	Rubis	Début
2	Orange	Pierre de lune	Coopérer
3	Jaune	Topaze	Plaisir
4	Vert	Émeraude/jade	Activité pratique
5	Bleu	Turquoise/ aigue-marine	Changement
6	Indigo	Perle/saphir/ lapis lazuli	Responsabilité
7	Violet	Améthyste	Foi
8	Beige/brun/rose	Diamant	Accomplissement
9	Toutes les couleurs	Opale/or	Achèvement
11/2	Noir/blanc ou gris perle	Argent	Intuition
22/4	Corail/brun roux	Corail/cuivre	Grandeur

Couleurs & Nombres

L'étude des couleurs est fascinante. En effet, nous sommes entourés de couleur à chaque instant. Même ce que l'on qualifie d'incolore est malgré tout coloré. Il est d'ailleurs difficile d'imaginer un monde sans couleurs.

Quand on pense aux couleurs, c'est tout d'abord la nature qui nous vient à l'esprit. On se réjouit des premières teintes légères de vert qui nous annoncent le retour du printemps. La seule vue des crocus et des jonquilles jaillissant du sol au moment du dégel nous réchauffe le cœur. La verdure luxuriante et les couleurs de l'été nous font percevoir l'abondance de la Terre. Puis vient l'automne, avec son déploiement de jaunes, d'oranges et de rouges à vous couper le souffle. Une fois ces teintes-là passées, l'hiver fait son entrée avec son blanc manteau de neige sur lequel se détache le brun des troncs et des branches. Et nous attendons alors, à nouveau, le retour du printemps.

Combien de fois nous est-il arrivé de contempler un lever ou un coucher de soleil, et de nous émerveiller devant ses couleurs extraordinaires ? Voir le soleil se lever sur le désert est une expérience qui vous remplit d'émotion. Des premiers rayons de l'aube jusqu'au milieu de la journée, puis du crépuscule jusqu'à minuit, se succèdent ainsi des milliers de gradations de lumière et de couleurs. Quand on prend le temps d'observer le bleu du ciel, on ressent la tranquillité et la paix de cet espace ouvert qui s'étend devant nous. Les couleurs ne jouent pas seulement un rôle décoratif, elles n'ont pas seulement une fonction ornementale. Elles nous affectent également d'une manière autrement plus profonde.

En effet, la couleur joue un rôle essentiel dans notre vie. Pourtant, la plupart d'entre nous ignorent tout des bénéfices qu'ils pourraient retirer d'un usage conscient de ces vibrations lumineuses. Car chaque couleur vibre de sa propre énergie, dont on peut se servir pour améliorer son existence.

L'étude des nombres est un art ancien et respecté. Pythagore, le philosophe grec, que l'on qualifie souvent de père de la numérologie, considérait que « les nombres sont les éléments ultimes de l'univers ». Et jusqu'à la Renaissance, on bâtissait les églises en fonction de nombres mystiques que les architectes jugeaient aptes à nous faire ressentir plus fortement la présence de Dieu dans leurs murs.

Les couleurs et les nombres sont tous deux chargés de signification. Dans ce livre, nous les utiliserons ensemble, puisque la numérologie nous enseigne qu'à chaque nombre correspond une couleur ; et qu'à chaque mois, chaque jour, les vibrations changent. À mesure que la vibration numérique évolue, les couleurs font de même.

Nous pouvons coopérer avec la vie de nombreuses manières différentes. L'utilisation consciente de nos nombres et couleurs personnels est une manière de conférer plus de fluidité au déroulement de nos journées. Ce livre vous indique une autre façon d'intégrer les couleurs et les nombres dans votre vie quotidienne, afin d'atteindre un meilleur équilibre. Les nombres et les couleurs sont déjà omniprésents chaque jour, ils peuvent se révéler utiles pour améliorer notre existence et nos attitudes. Ils peuvent servir de fondement à nos affirmations et aux déclarations que nous faisons à notre sujet, et c'est précisément l'objectif de ce livre.

Il semble que tout soit numéroté : les rues, les maisons, les téléphones, les comptes bancaires. Le moindre appareil électrique comprend un numéro de série. Les vacances, les calendriers, les cartes de Sécurité sociale, les cartes de crédit et même les billets de banque comportent tous des numéros. Mais les nombres les plus personnels sont notre âge et notre date de naissance.

De même, la couleur est, elle aussi, omniprésente dans notre vie. Nous mangeons tous de la nourriture, nous portons tous des habits, et bon nombre d'entre nous portent également des bijoux et des pierres précieuses. Nous mettons de la couleur dans les pièces où nous vivons et nous choisissons également du mobilier de couleur. Il y a aussi de la couleur dans nos moyens de transport et dans les lieux où nous travaillons. Lorsqu'on choisit consciemment les couleurs, les bijoux, les aliments et les vêtements qui correspondent quotidiennement à notre propre taux vibratoire, on a de plus en plus de facilité à se fondre dans le cours de la vie. Une attitude saine envers soi-même et envers l'existence se reflète d'ailleurs fréquemment dans les couleurs que l'on porte.

Que vous soyez un homme ou une femme, que vous soyez jeune ou vieux, actif ou sédentaire, l'intégration des couleurs et des nombres dans votre existence y insufflera un sens nouveau. Quel que soit votre style de vie, et peu importe où vous vivez, la couleur est toujours présente dans votre quotidien, et des nombres vous entourent de partout.

Toutes les couleurs sont bonnes, même si l'on se sent plus à l'aise avec celle-ci que celle-là, à certains moments. Nous pouvons améliorer notre vie quotidienne en nous entourant des couleurs qui sont le plus en harmonie avec notre vibration personnelle ce jour-là. C'est l'étude des nombres qui révèle quelles sont nos vibrations quotidiennes, mensuelles et annuelles. Dès qu'on choisit la couleur qui correspond à ces vibrations particulières, et qu'on prête attention à ce que nous dit ce nombre précis, on est plus en accord avec la vie.

Comme vous allez le voir, chaque **JOUR PERSONNEL** possède une couleur qui vibre à la même fréquence que le nombre de ce jour-là. Chaque **JOUR PERSONNEL** correspond également à une pierre précieuse qui est en résonance avec cette couleur et ce nombre. Les pierres précieuses, comme les couleurs, possèdent une vibration qui, si on les porte, peut favoriser telle ou telle humeur. Enfin, il existe également une phrase-clé qui détermine la tonalité de ce **JOUR PERSONNEL**.

J'ai donc ajouté une affirmation pour chaque **JOUR PERSONNEL**, et je vous encourage à vous concentrer sur ces idées positives. Pour ma part, j'aime à les réciter le matin, peu après m'être réveillée, car je me prépare ainsi à une nouvelle journée pleine d'amusement, d'apprentissage et d'évolution.

Chacun d'entre nous possède ses propres vibrations numériques et lumineuses. Certains de ces nombres, comme notre date de naissance, sont permanents. Nous avons également des couleurs personnelles temporaires qui évoluent avec le calendrier. En nous entourant délibérément de nos couleurs personnelles, nous sommes plus en accord avec les forces cosmiques.

Dans ce livre, nous allons donc explorer un aspect de l'étude des nombres qui se rapporte à l'utilisation des couleurs dans notre vie quotidienne.

Dans la section suivante, je vous expliquerai comment déterminer la vibration de votre **ANNÉE PERSONNELLE**, celle de votre **MOIS PERSONNEL**, et enfin celle de votre **JOUR PERSONNEL**.

Calculez votre Année, votre Mois et votre Jour Personnels

Pour commencer, il y a ce que l'on appelle la vibration de l'Année Universelle (l'année en cours). Cette vibration-là est à l'œuvre pour tout le monde. On trouve le nombre qui y correspond en additionnant les quatre chiffres de l'année en cours. Par exemple, la vibration de l'année 2010 se calcule en ajoutant 2 + 0 + 1+ 0 = 3. Ce qui signifie que 2010 et une Année Universelle 3.

En numérologie, on réduit la somme des chiffres jusqu'à n'obtenir qu'un seul nombre. Par conséquent, si nous étions en 2029, il nous faudrait additionner 2 + 0 + 2 + 9 = 13. Ensuite, nous réduirions le résultat obtenu ainsi : 1 + 3 = 4. Ce qui nous indiquerait que 2029 et une ANNÉE UNIVERSELLE 4.

Année personnelle

Pour découvrir la vibration de votre **ANNÉE PERSONNELLE**, additionnez votre **MOIS DE NAISSANCE** et **VOTRE JOUR DE NAISSANCE** à l'**ANNE UNIVERSELLE** en cours.

Si votre anniversaire tombe le 23 octobre, cela donne :

10 (pour octobre)
+23 (pour le jour)
+3 (pour l'Année Universelle, 2010)
= 36, 3 + 6 = 9

2010 = ANNÉE PERSONNELLE 9

Mois personnel

Pour déterminer la vibration de votre **MOIS PERSONNEL**, du mois en cours, additionnez votre **ANNÉE PERSONNELLE** au mois actuel. En reprenant l'exemple précédent, si votre **ANNÉE PERSONNELLE** est une année 9, et qu'on est actuellement en mars, le calcul serait le suivant : 9 (Année Personnelle) + 3 (mars) = 12. (Rappellez-vous de réduire les nombres à deux chiffres jusqu'à n'obtenir qu'un chiffre unique.) La vibration de votre **MOIS PERSONNEL** sera donc 3.

9 (pour l'Année Personnelle, cf. ci-dessus)
+3 (pour le mois en cours, mars)
12, 1 + 2 = 3

Mars 2010 = MOIS PERSONNEL 3

Jour Personnel

Pour déterminer la vibration de votre **JOUR PERSONNEL**, additionnez votre **MOIS PERSONNEL** au jour actuel.

En prenant l'exemple précédent, mars 2010, s'il s'agissait d'un **MOIS PERSONNEL** 3, pour vous, et qu'aujourd'hui nous soyons le 1er mars, cela donnerait :

3 (pour votre Mois Personnel)
+1 (jour actuel, 1er mars)
4

Le 1er mars 2010 = JOUR PERSONNEL 4

Une fois que vous connaissez votre Jour Personnel, les jours suivants poursuivent la séquence numérique, de 1 à 9. Donc, après un Jour Personnel 9, vous passez à un Jour Personnel 1. La même chose s'applique ensuite à tout le reste du mois. Et quand vous entamez un nouveau Mois Personnel, il faut recommencer vos calculs.

Vous trouverez des pages de calendrier vides, à la fin de ce livre, où vous pourrez noter vos propres chiffres personnels. Il est plus facile de tous les calculer d'un coup, afin qu'ils soient tout prêts quand vous en avez besoin. Vous pouvez conserver ce livre à portée de main, près de votre armoire ou de la salle de bains, afin de pouvoir facilement vous y référer, dès le matin avant même de vous habiller.

Si le calcul de la vibration de votre Jour Personnel donne un 11 ou un 22, ne réduisez pas ces chiffres à 2 ou à 4. On considère le 11 et le 22 comme des Maîtres Nombres. Ils indiquent qu'il vous est donné à ce moment-là l'occasion de fonctionner sur une vibration plus élevée. Vous êtes alors davantage branché sur les principes supérieurs et universels qui sont à l'œuvre dans votre vie et dans le monde entier. Écrivez-les donc sous la forme « 11/2 » ou « 22/4 », de façon à vous rappeler que vous avez le choix d'être le 2 ou de vous élever au 11, d'être le 4 ou de vous élever jusqu'au 22. Par exemple, le 2 suit un leader, tandis que le 11 *est* un leader. Le 4 travaille pour lui-même ; le 22 œuvre pour le groupe.

Il est bon de vous rappeler que quelle que soit votre Année Personnelle, le premier Mois Personnel sera du chiffre suivant. Par exemple, le mois de janvier d'une Année Personnel 8 sera un Mois Personnel 9. Le premier jour d'un Mois Personnel 9 sera un Jour Personnel 1.

Journées d'intensité double et triple

Les nombres des Jours Personnels du 9, du 18 et du 27 de chaque mois seront les même que celui de ce Mois Personnel. Par exemple, si c'est un Mois Personnel en 6, le 9, le 18 et le 27 de ce mois seront eux aussi des Jours Personnels en 6. Ce sont des jours de **DOUBLE INTENSITÉ**, que vous pouvez marquer d'une étoile sur votre calendrier. Ces jours-là, l'énergie correspondante sera deux fois plus fortes, ce qui veut dire que vous aurez encore plus l'occasion de l'utiliser dans votre intérêt et pour votre évolution.

Le mois de septembre est toujours un mois spécial. Le nombre de ce mois est en effet toujours identique à celui de votre Année Personnelle. Donc, le 9, le 18 et le 27 septembre sont tous de **TRIPLE INTENSITÉ**. Par exemple, lors d'une Année Personnelle 6, le mois de septembre sera un Mois Personnel 6, et par conséquent tout le mois présentera une énergie 6 intensifiée. De plus, en septembre, les 9, 18 et 27 septembre seront également des journées 6 de **TRIPLE INTENSITÉ**. Vous pouvez donc également marquer ces jours-là d'une étoile dans votre calendrier, peut-être d'une couleur différente, afin de bien vous rappeler que l'énergie de ces dates-là sera triplée.

Astuces utiles

Les deux derniers mois d'une année ont toujours les mêmes nombres de Mois Personnel que les deux premiers mois de l'année suivante. Toutefois, la vibration de l'Année Personnelle sera différente. Dans une Année Personnelle 6, le mois de novembre sera un Mois Personnel 8 et le mois de décembre un Mois Personnel 9. Les deux premiers mois de l'année suivante (qui sera pour vous une année 7), janvier sera un Mois Personnel 8 et février un Mois Personnel 9. Les nombres de ces deux mois seront donc les mêmes, mais l'Année Personnelle aura changé, puisque vous serez désormais dans une année 7.

Bien entendu, vous pouvez faire tout ce que vous voulez n'importe quel jour ; toutefois, si vous savez tirer parti de l'énergie spécifique que présente tel jour en particulier, vous vous sentirez davantage en harmonie avec la vie. S'il neige, il n'est pas dans votre intérêt de sortir en short et pieds nus. Vous passerez une meilleure journée si vous portez des habits faits pour la neige. Il en va de même avec la vie. Il y a des moments où certains comportements et certaines activités sont plus appropriés qu'à d'autres. Il y a des jours où il semble **JUSTE** d'aller faire ses courses ou de s'occuper de ses finances, d'autres où il semble **JUSTE** de laver le plancher. Vous êtes en phase avec les énergies qui vous entourent, vous et votre vie, à chaque instant. Ce livre vous offre le moyen de vous brancher spécifiquement dessus.

En numérologie, on utilise rarement le noir. Vous pouvez porter du noir un jour 11/2, si vous y mêlez du blanc, même si je considère personnellement qu'il vaut mieux porter des habits gris perle ou argent, ces jours-là : ça fait plus de bien. Le noir est l'absence de couleur et, au cours de mes nombreuses années de travail comme assistante sociopsychologique, j'ai constaté que les gens qui portent souvent voire tout le temps du noir sont rarement des gens heureux. Le noir a tendance à confiner et à étouffer l'esprit. Si vous avez des problèmes émotionnels et/ou que vous portez fréquemment du noir, je vous recommande d'y renoncer durant un mois et de voir si votre humeur ne s'améliore pas du même coup. Vous constaterez peut-être même que vous prendrez beaucoup plus de bon temps !

Si vous mettez ces idées en pratique pour la première fois, il vous faudra peut-être un certain temps avant d'avoir une garde-robe qui comprenne toutes les couleurs nécessaires, pour chaque saison. Dans l'intervalle, utilisez ce que vous avez. Vous n'êtes pas obligé de porter tout un ensemble de même couleur. Une écharpe, une ceinture ou un mouchoir — parfois même des sous-vêtements — peuvent tout à fait faire l'affaire. Il peut même suffire d'avoir un stylo de couleur ou de mettre quelques fleurs dans un vase pour vous rappeler la couleur vibratoire de la journée en cours. Faites cadeau à un ou une amie d'un objet qui corresponde à sa couleur personnelle de ce jour-là.

Les aliments que nous mangeons ont aussi leurs couleurs. Par conséquent, les couleurs que nous ingérons par le biais de la nourriture sont aussi importantes que celles que nous portons ou dont nous nous entourons. Par exemple, si vous êtes dans un Jour Personnel 1, rouge, des pommes rouges, des tomates ou des betteraves peuvent vous faire envie et bien vous nourrir. (Référez-vous au tableau des couleurs alimentaires à la page 65 pour y trouver d'autres idées.)

Au moment d'entamer une nouvelle Année Personnelle, vous pourriez vous acheter quelque chose pour chez vous qui reflètera la couleur dominante de cette année. Vous pourriez par exemple acquérir un nouveau dessus de lit, ou repeindre votre pièce préférée. Vous pourriez également vous acheter une bague ou un pendentif. Si vous devez faire l'acquisition d'une nouvelle voiture, la vibration de votre Année Personnelle pourrait influencer la couleur que vous choisirez. Faites preuve d'imagination pour introduire des couleurs chargées de sens dans votre vie. Votre imagination reflète en effet l'image que vous vous faites de vous-même et l'amour que vous vous portez à vous-même.

En cas de doute — si vous ne disposez pas de la couleur correspondant à tel Jour Personnel — vous pouvez toujours utiliser celle de votre Mois ou de votre Année Personnels. Le nombre et la couleur de votre Année Personnelle est un peu comme la musique de fond de tout ce que vous ferez durant cette année-là.

Faites l'essai, c'est amusant ! Et voyez ce que cela donne.

Utilisez vos nombres

Maintenant que vous avez calculé votre Année, votre Mois et votre Jour Personnels, référez-vous à la section qui explique votre Année Personnelle. Lisez ce qui se rapporte à l'année en cours et découvrez ce qu'elle signifie pour vous. Votre Année Personnelle représente la musique de fond de votre Jour Personnel. Chaque jour, quand vous vous levez, référez-vous à la section qui correspond au nombre de ce jour-là. Puis, méditez sur les concepts et les affirmations que je vous présente, car ils vous aideront à tirer le meilleur de ce Jour Personnel.

Les indications qui correspondent à votre Jour Personnel s'utilisent conjointement à celles de votre Mois Personnel et de votre Année Personnelle. Les indications correspondant à votre Mois Personnel sont les mêmes que celles de votre Année Personnelle de même chiffre, aussi devrez-vous lire la section relative à l'Année Personnelle pour y découvrir les indications concernant votre Mois Personnel. Je préfère pour ma part me concentrer sur **AUJOURD'HUI**, aussi ai-je tendance à utiliser davantage les indications de mon Jour Personnel et de mon Année Personnelle, que celles de mon Mois Personnel.

L'ANNÉE PERSONNELLE

Année Personnelle 1

COULEUR ROUGE | **PIERRE PRÉCIEUSE** RUBIS
MOT-CLÉ COMMENCEMENTS

C'est l'année des nouveaux commencements, des nouveaux départs, des nouvelles idées, de tout ce qui est nouveau. Il est donc temps de planter, de semer des graines. Les semences mises en terre cette année-là agiront durant les huit années suivantes. Rappelez-vous qu'une graine ne pousse pas en une nuit. Elle doit d'abord germer, puis prendre racine. Ce n'est qu'ensuite que sa tige se développe. Donnez donc une chance à vos idées de prendre racine. Élaborez le plan de ce que vous voulez au cours du prochain cycle de neuf ans, et commencez à y œuvrer dès maintenant. Soyez vous-même et lancez-vous avec détermination. Prenez les choses en main. Occupez-vous avant tout de vous-même, plus que de vos partenariats et de vos unions. Au cours de cette année, l'indépendance et la promotion de soi joueront un rôle important. Il est temps de poser les fondations. Restez actif et faites en sorte que les choses avancent. C'est l'année où vous pouvez faire œuvre de pionnier et innover.

« J'INNOVE ET JE ME LANCE DANS DE NOUVELLES AVENTURES ! »

Année Personnelle 2

COULEUR ORANGE | **PIERRE PRÉCIEUSE** PIERRE DE LUNE
MOT-CLÉ COOPÉRER

Les graines que vous avez plantées l'an dernier sont sous terre, prêtes à germer. Cette année, vous méritez un peu de repos et de calme. Veillez à en prévoir assez. Étudiez et apprenez de nouvelles choses. Faites preuve de diplomatie et de tact. Le mieux, cette année, c'est de partager et de travailler en équipe. Soyez très coopératif. Ne forcez rien, cette année-ci. Soyez patient et attendez. Ce qui est juste pour vous viendra spontanément à vous. Prêtez attention aux détails. Rassemblez ce dont vous avez besoin. Regardez ce qui se passe en coulisse. Des opportunités vont se présenter à vous. Pensez, planifiez, et ayez l'âme en paix. Restez calme. L'amour est à l'honneur. C'est une très bonne année pour les relations et les partenariats.

« J'AI CONFIANCE DANS LE PROCESSUS DE LA VIE. Il SE DÉPLOIERA CONFORMÉMENT À L'ORDRE DIVIN. »

Année Personnelle 3

COULEUR JAUNE | **PIERRE PRÉCIEUSE** TOPAZE
MOT-CLÉ PLAISIR

C'est l'année où vous amuser. Ce que vous avez débuté voici deux ans commence à prendre vie. Croyez en vous-même. Les graines commencent à prendre racine. Leur poussée est évidente. Tout est bien, et vous le sentez. Il y a de l'amour partout. Prenez du temps pour voir vos amis et faire des choses qui vous plaisent. Divertissez-vous, allez à des fêtes et à des rencontres. Prenez des vacances et des jours de congé. L'influence prédominante de cette année est de nature sociale et artistique. Exprimez-vous de la manière la plus créative possible. Riez et souriez, chantez et dansez, et propagez la lumière tout autour de vous. Votre année sera pleine de joie.

« J'AIME LA VIE ET LA JOIE DE VIVRE ! »

Année Personnelle 4

COULEUR VERT | **PIERRE PRÉCIEUSE** ÉMERAUDE/JADE
MOT-CLÉ ACTIVITÉ PRATIQUE

Il est temps maintenant de vous remettre au travail. Les graines semées lancent désormais leurs tiges à travers le sol. Enlevez les mauvaises herbes. Soyez productif et organisé. Consolidez vos fondations. Soyez actif et respectez votre agenda. Faites votre inventaire. Mettez de l'ordre dans votre vie et occupez-vous des détails. Faites preuve de discipline personnelle et ne soyez pas paresseux. Faites les choses dans la joie, et vous aurez toute l'énergie requise. Prenez grand soin de votre santé. Vous construisez votre avenir, alors soyez constructif. C'est l'année où résoudre vos problèmes. Plus vous ferez d'efforts, plus vous en récolterez les fruits. Tout se passera bien.

« JE TRANSFORME TOUTE SITUATION EN UNE OPPORTUNITÉ ! »

Année Personnelle 5

COULEUR BLEU | **PIERRE PRÉCIEUSE** TURQUOISE/ AIGUE-MARINE | **MOT-CLÉ** CHANGEMENT

La liberté et le changement sont dans l'air. Après tout le travail accompli l'an dernier, vous méritez des vacances. C'est une année où vous devez sortir de l'ordinaire. Mettez en avant vos atouts. Laissez tomber la routine. Mettez de côté les vieilles idées. Faites quelque chose d'inhabituel. Soyez différent. Sortez et abordez la vie à neuf. C'est génial d'apprendre une nouvelle langue ou d'aller vivre dans un nouvel endroit. Opérez des changements : en vous, chez vous, dans votre style de vie ou votre vie professionnelle. Veillez à ce que ces changements profitent à autrui par la même occasion. Voyez autant de gens que possible. Soyez à l'affût de bonnes surprises. N'abandonnez pas toute précaution pour autant. Soyez actif, mais pas frénétique. Cette année peut se révéler très satisfaisante.

« J'ACCUEILLE LE CHANGEMENT ET J'ÉLARGIS MES FRONTIÈRES ! »

Année Personnelle 6

COULEUR INDIGO | **PIERRE PRÉCIEUSE** PERLE/SAPHIR/LAPIS LAZULI | **MOT-CLÉ** RESPONSABILITÉ

C'est le moment de consacrer du temps à la maison, à la famille, à votre entourage et vos amis. Les plantes fleurissent. Que votre maison soit le centre de votre vie. Montrez-vous responsable, équitable et juste. Soyez au service des autres et acceptez volontiers vos devoirs. Occupez-vous de toutes vos possessions personnelles, des gens, des choses et des lieux qui vous entourent. Cette année est idéale pour le mariage. C'est aussi le moment parfait pour emménager dans une nouvelle maison. Que la musique joue un rôle important dans votre vie. Que tous vos divertissements se passent à domicile. Fixez-vous certaines exigences et respectez-les. Achevez ce que vous avez commencé. Gardez le rythme et veillez à préserver l'harmonie de votre vie. Tout ce que vous ferez dans l'intérêt du groupe sera bien. Soyez le conseiller de chacun. Prêtez votre aide chaque fois que c'est nécessaire. C'est une année très satisfaisante.

« J'ACCEPTE MES RESPONSABILITÉS AVEC JOIE ET AMOUR ! »

Année Personnelle 7

COULEUR VIOLET | **PIERRE PRÉCIEUSE** AMÉTHYSTE
MOT-CLÉ FOI

C'est une année intérieure. Le fruit commence tout juste à apparaître sur la vigne, et vous devez avoir foi en sa maturation prochaine. Prenez du temps pour réfléchir, pour étudier et vous analyser. Passez beaucoup de temps seul, et faites-en un usage constructif. Analysez vos pensées et vos actes. Que voudriez-vous changer dans votre vie ? Le chiffre 7 révèle toujours ce qu'en temps normal on ne voit pas. Analysez votre vie. C'est une année de croissance intérieure et de préparation. Ne vous extériorisez pas et n'essayez pas de forcer les choses ; laissez-les plutôt venir à vous. Lâchez prise autant que possible du monde des affaires. Méditez ; pratiquez l'introspection. Remettez votre vie sociale à une autre période. Vous pouvez voyager pour en apprendre davantage à votre sujet. Il s'agit d'une année spirituelle, alors suivez-en le cours. Laissez votre âme grandir.

« J'ENTREPRENDS UNE QUÊTE INTÉRIEURE ET J'Y TROUVE DE NOMBREUSES RÉPONSES ! »

Année Personnelle 8

COULEUR BEIGE/BRUN/ROSE | **PIERRE PRÉCIEUSE** DIAMANT | **MOT-CLÉ** ACCOMPLISSEMENT

C'est l'année du succès. C'est la période de la récolte. Ce que vous avez débuté voici huit ans est désormais prêt. Apportez votre production au marché. Les affaires et les choses matérielles vous appartiennent, cette année. Faites quelques efforts, et vous accomplirez beaucoup de choses. Faites en sorte d'obtenir ce que vous voulez. A vous d'être le directeur, le gérant, celui qui organise. Soyez efficace, ayez le sens des affaires. Faites preuve de confiance en vous. Soyez également honnête et juste dans toutes vos tractations. Vous pouvez accomplir de grandes choses. Soyez à l'affût de ressources financières inattendues. C'est le bon moment pour entreprendre des voyages d'affaires. C'est l'année idéale pour accomplir toutes sortes de choses. Allez-y !

« JE SUIS LE PATRON PROSPÈRE
ET COURONNÉ DE SUCCÈS DE MA PROPRE VIE ! »

Année Personnelle 9

COULEUR TOUTES LES COULEURS | **PIERRE PRÉCIEUSE** OPALE/OR | **MOT-CLÉ** ACHÈVEMENT

L'heure est à l'achèvement et à la plénitude. Ce cycle-là du jardin est terminé, mais certaines cultures continuent de produire. C'est l'année du nettoyage de printemps. Fouillez bien dans les coins. Passez tout en revue et jetez tout ce qui n'est plus utile dans votre vie : les gens, les lieux, les idées et les choses. Si quelque chose est fini, lâchez-en prise. Ne vous accrochez pas. De nombreuses choses vont quitter votre vie, cette année. Bénissez-les et libérez-vous-en. Vous êtes en train de faire de la place pour l'an prochain. Il y a beaucoup de bonheur autour de vous. C'est l'année où terminer les choses. Ne recommencez rien. Ne cherchez pas une nouvelle histoire d'amour ; elle ne durerait pas. Profitez de la dimension artistique de votre vie. Faites un grand voyage, allez à la découverte des autres et offrez-vous aussi à eux. Montrez-vous tolérant, plein de compassion et de pardon. Partagez votre amour avec chacun. Comprenez vraiment que vous êtes lié à tout le monde sur cette planète. Le vieux cycle s'achève. Préparez-vous à celui qui va recommencer l'an prochain.

« JE ME SENS SATISFAIT, COMBLÉ ET COMPLET ! »

Année Personnelle 11/2

COULEUR NOIR/BLANC OU GRIS PERLE | **PIERRE PRÉCIEUSE** ARGENT | **MOT-CLÉ** INTUITION

11/2 est un Maître Nombre. Élevez-vous au-dessus de vos routines quotidiennes. Brillez comme une étoile. Dotez-vous de nouvelles exigences intérieures. Faites davantage d'investigations au niveau spirituel et métaphysique. Cette année, l'amour universel est plus important que l'amour personnel. Gardez votre paix intérieure quoi qu'il arrive. Tout ce qui concerne les nouveaux courants de pensée vous intéressera beaucoup, cette année. Ce n'est pas une année pour les affaires, même si vous aurez beaucoup de bonnes idées pour plus tard. Montrez-vous à la hauteur de vos idéaux. Préparez-vous. Vous pourriez connaître la gloire et les honneurs, cette année. L'heure est à la croissance intérieure, à l'illumination et à la réflexion.

« J'ÉCOUTE LA VOIX INTÉRIEURE DE LA SAGESSE ! »

Année Personnelle 22/4

COULEUR CORAIL/BRUN ROUX | **PIERRE PRÉCIEUSE** CORAIL/CUIVRE | **MOT-CLÉ** GRANDEUR

22/4 est un Maître Nombre. Vous pouvez atteindre des réalisations supérieures si vous vous élevez au-dessus du 4. La communauté a besoin de vous. Si vous ne travaillez que pour vous, vous passerez à côté de tout ce que cette année peut vous apporter. Par contre, si vous vous lancez dans de grands projets, pour le bien de tous, ils connaîtront le succès. Vous avez là l'occasion de connaître une année de pouvoir, au service de projets d'envergure. Construisez quelque chose qui en vaille la peine. Utilisez toutes vos ressources mentales. On n'a pas souvent l'occasion d'avoir une année comme celle-ci à disposition. Vous avez l'opportunité d'occuper le devant de la scène et d'avoir du pouvoir.

« J'ŒUVRE POUR LE BIEN DE LA PLANÈTE, ET J'AI DE LA CHANCE ! »

JOUR PERSONNEL

Jour Personnel 1

COULEUR ROUGE | **PIERRE PRÉCIEUSE** RUBIS

IL EST TEMPS DE COMMENCER

Soyez indépendant. Faites ce que vous avez envie de faire. Cherchez à obtenir ce que vous désirez. Allez dans de nouveaux endroits. Rencontrez de nouvelles personnes. Testez de nouvelles idées. Démarrez un nouvel emploi. Soyez actif. C'est un bon jour pour un premier rendez-vous amoureux. Vous constaterez que les hommes sont importants dans votre vie aujourd'hui. Soyez un leader. Faites-vous confiance et fiez-vous à votre intuition. Montrez-vous original et créatif. Soyez ambitieux. Prenez conscience de votre pouvoir. Soyez courageux. La colère, l'entêtement, l'impatience ou l'inquiétude risquent de saper vos efforts. Recherchez tout ce qui est nouveau.

« J'OUVRE DE NOUVELLES PORTES DANS MA VIE ! »

Aujourd'hui, je fais confiance à mon Infinie Sagesse intérieure : elle me guidera et me fera découvrir de nouveaux espaces. Je suis en sécurité quand je m'y aventure, et j'ai l'assurance que le Processus de la Vie me soutient à chaque étape du chemin. Je suis nourri, vêtu, logé et aimé de multiples manières pleinement satisfaisantes. J'aborde le neuf les bras grand ouverts, conscient que la nouveauté me sem-blera bientôt familière. Conscient que tous mes ami(e)s et mes amant(e)s étaient au départ des inconnus pour moi, j'accueille volontiers de nouvelles personnes dans ma vie. Aujourd'hui est un jour merveilleux pour moi.

Jour Personnel 2

COULEUR ORANGE | **PIERRE PRÉCIEUSE** PIERRE DE LUNE

COOPÉRER

Soyez en paix. C'est le moment d'être en accord avec autrui. Faites-en davantage que votre part du travail. Montrez-vous patient, tolérant et diplomate. Il est temps d'être réceptif. Recueillez ce dont vous avez besoin. Allez chercher cette antiquité dont vous rêvez. Observez, écou-tez et pensez. Mettez les autres à l'aise et prêtez attention à leurs sentiments. Créez de l'harmonie. Profitez de vos amies et contacts féminins. Relaxez-vous ; soyez gentil(le) et aimable. Patientez.

« JE FAIS PREUVE DE BONTÉ ET DE CONSIDÉRATION ENVERS CHACUN ! »

Hier, j'ai ensemencé le Jardin de la Vie. Aujourd'hui, j'attends patiemment que les graines s'éveillent. J'ai du temps et de la considération pour chacun. J'offre joyeusement mon aide partout où je peux, soulageant les autres de leur fardeau. Ce que je donne me revient démultiplié. Je rassemble ce dont j'ai besoin pour l'avenir. Aujourd'hui est un jour harmonieux et réceptif, un jour d'amour et de paix.

Jour Personnel 3

COULEUR JAUNE | **PIERRE PRÉCIEUSE** TOPAZE

C'EST LA FÊTE !

Riez et amusez-vous. Tous les gens sont importants. C'est un jour social. Chantez, dansez et jouez. Exprimez-vous. Aimez tout le monde. Ce jour incarne vraiment la joie de vivre. Faites-vous beau/belle. Soyez tout en séduction. Ressentez la joie qui vous habite et rayonnez-la tout autour de vous. Bénissez chaque être et chaque chose. Faites sourire autrui. Que votre créativité s'exprime librement. C'est le jour idéal pour aller faire du shopping. C'est aussi une journée où rencontrer des gens. Aimez tous les êtres avec qui vous entrez en contact.

« JE RAYONNE LA JOIE ET JE LA PARTAGE AVEC AUTRUI ! »

La joie parcourt mes veines et s'exprime dans tout mon être. Je sais que mes graines sont en train de germer et qu'il est temps de m'en réjouir. Je suis d'une joyeuse exubérance et je me sens en harmonie avec la vie. Ma vie est une grande fête que je partage avec tous ceux que je connais. Ma créativité jaillit et je l'offre librement. Je suis beau/belle et tout le monde m'aime. Tout va bien dans mon monde, et je partage ce sentiment avec les autres.

Jour Personnel 4

COULEUR VERT | **PIERRE PRÉCIEUSE** ÉMERAUDE/ JADE

C'EST LE MOMENT DE TRAVAILLER

Levez-vous tôt. Acquittez-vous de vos corvées. Vous avez beaucoup d'énergie aujourd'hui. Avancez sur vos projets. Payez vos factures. Écrivez vos courriers en retard. Équilibrez votre budget. Nettoyez la maison. Lavez la voiture. Montrez-vous organisé et fiable. C'est le jour idéal pour les réparations et l'entretien. Ce que vous ferez aujourd'hui sera durable. Passez un bilan de santé. Préparez les choses pour demain.

« JE SUIS ORGANISÉE(E) ET PRODUCTIF/VE »

Les premières petites pousses percent le sol, et il faut s'atteler au travail. J'arrache joyeusement les mauvaises herbes de la négativité, à l'intérieur de ma conscience. La Puissance de l'Univers me soutient dans cette entreprise et je dispose d'une énergie illimitée. Je fais les choses facilement et rapidement. Je bâtis des fondations solides pour demain. Je suis sain de corps, de mental et d'esprit.

Jour Personnel 5

COULEUR BLEU | **PIERRE PRÉCIEUSE** TURQUOISE/ AIGUE-MARINE

CHANGEMENT ET SURPRISE

Ayez fière allure. Mettez-vous sur votre trente-et-un. Sortez et mettez-vous en quête de nouveauté. Des changements positifs sont dans l'air. Aujourd'hui, vous êtes libre. Attendez-vous à des surprises. Faites quelque chose de différent. Soyez souple. Changez de routine. Faites la promotion de vos activités et/ou de vos produits. Voyez la vie sous un autre jour. Donnez quelque chose dont vous n'avez plus besoin. Vendez quelque chose. C'est le meilleur jour pour aller chez le coiffeur ou se faire opérer. Aujourd'hui, vous vous sentez libre.

« J'ACCUEILLE LE CHANGEMENT ET ME RÉJOUIS DE LA NOUVEAUTÉ ! »

La culture pousse bien, sans nécessiter de soin, profitant pleinement de la lumière du soleil et de l'énergie de la terre. Je suis donc libre de laisser les différentes expériences de la vie venir à moi. Je suis aux aguets : des surprises merveilleuses m'attendent, qui me réjouiront. J'ai l'air magnifique et je me sens au top. Me voici ! Je suis ouvert(e) et réceptif(ve) à toutes les bonnes choses, que j'accepte avec joie, plaisir et gratitude.

Jour Personnel 6

COULEUR INDIGO (BLEU MARINE) | **PIERRE PRÉCIEUSE** PERLE, SAPHIR, LAPIS LAZULIS

AJUSTEMENTS

Faites un inventaire personnel. Passez en revue votre intérieur. Pouvez-vous le rendre plus confortable ? Et vous ? Pouvez-vous être plus raffiné ? Qu'en est-il de votre alimentation ? Vous faut-il l'ajuster ? Étudiez votre personnalité. Peut-elle être plus joyeuse ? Et vos responsabilités ? Y en a-t-il qui requièrent votre attention ? Vous mêlez-vous des affaires d'autrui ? Si oui, laissez tomber. Est-ce que vous devez quelque chose à quelqu'un ? C'est le bon moment de vous en acquitter. Profitez de votre famille. Divertissez-vous chez vous. Écoutez de la musique toute la journée. Si possible, ne voyagez pas. Remettez vos projets d'écriture créative à un autre jour. C'est un bon jour pour enseigner et pour travailler en groupe. C'est aussi la journée idéale pour emménager dans une nouvelle maison.

« MA MAISON EST UN HAVRE DE PAIX ! »

Mes plantes sont en fleur et c'est une joie que de les contempler. Elles embellissent ma maison et je m'en occupe avec soin. Là où c'est nécessaire, j'opère des ajustements dans ma maison. J'en fais un lieu confortable, pour moi et pour autrui. J'ouvre ma maison et j'y accueille mes hôtes avec de la musique et de l'amour. Ils sont pour moi comme une grande famille aimante.

Jour Personnel 7

COULEUR VIOLET | **PIERRE PRÉCIEUSE** AMÉTHYSTE

REGARDEZ EN DEDANS

Restez seul durant au moins une partie de la journée. Soyez au calme. Lisez. Pensez. Écoutez votre voix intérieure, votre âme. Laissez tombez l'agitation des affaires. Si vous essayez de gagner de l'argent aujourd'hui, vous le perdrez. Par contre, si vous restez calme et que vous attendez, les choses viendront à vous. Étudiez quelque chose de spirituel ou de scientifique. Si vous lisez les Saintes Écritures, choisissez Matthieu 6 pour aujourd'hui. Travaillez avec vos plantes. Allez faire une bonne marche dans la nature. Le nombre 7 nous révèle toujours quelque chose. Méditez. Soyez ouvert.

« JE REGARDE EN MOI ET JE REÇOIS DES RÉPONSES ! »

J'ai la foi et je sais que l'Univers s'apprête à déverser beaucoup de bonnes choses sur moi. Alors, en silence, je prends le temps d'aller en moi, d'être en contact avec ma propre sagesse intérieure. Je porte un regard plein d'amour sur la nature et toute sa beauté ; je m'en sens régénéré et rafraîchi. J'ai l'assurance que la Vie prendra soin de moi. Je sais que quels que soient mes besoins, ils seront toujours satisfaits. La Puissance qui me donne l'air que je respire me procurera tout le reste aussi facilement et librement.

Jour Personnel 8

COULEUR BEIGE/BRUN/ROSE | **PIERRE PRÉCIEUSE** DIAMANT

LE SUCCÈS EN AFFAIRES

L'ambition vous habite. Il est temps d'aller de l'avant. Agissez de manière à obtenir le succès. C'est une bonne journée pour les affaires. Comportez-vous comme un patron. Organisez et réorganisez. Faites preuve de jugement. Réglez vos factures. Occupez-vous de toutes les questions financières et légales. C'est le jour idéal pour signer des baux ou des contrats. Allez à la gym ou faites un bilan de santé. Vous risquez de recevoir des sommes inattendues. Aidez quelqu'un de moins chanceux que vous. Le succès vous appartient déjà.

« JE SUIS PUISSANT(E) ET PROSPÈRE ! »

La récolte abondante est rentrée et prête à être livrée au marché. Je suis le chef de ma vie et de mes affaires. Je possède un jugement sûr, car je suis relié à chaque instant à l'Intelligence Universelle. Avec l'Univers comme partenaire, je vais de succès en succès. Je suis le directeur bienveillant et plein d'amour du royaume que j'ai créé. Plus j'aide les autres, plus je prospère et j'évolue. Là où je me trouve, tout le monde gagne.

Jour Personnel 9

COULEUR TOUTES LES COULEURS | **PIERRE PRÉCIEUSE** OPALE/OR

HUMANITÉ

Le monde entier est votre famille. Soyez un humaniste. Aidez tous ceux que vous pouvez. Montrez-vous généreux et bon. Ne commencez rien aujourd'hui ; contentez-vous de finir les choses. Ce n'est pas un bon jour pour un premier rendez-vous amoureux : il ne durerait pas. N'allez pas faire de courses, sinon pour des cadeaux. Rangez et nettoyez vos placards et vos tiroirs. Si vous n'utilisez pas telle ou telle chose, donnez-la ou vendez-la. Libérez-vous de tout ce qui ne vous sert plus : des choses, des idées, des habitudes, des relations. Soyez artiste. Utilisez vos talents créatifs. C'est une bonne journée pour donner une représentation publique. Ce que vous donnez vous reviendra démultiplié, alors ne donnez que le meilleur de vous. Fermez le chapitre en cours ; demain vous recommencerez tout à zéro.

« JE FAIS UN AVEC TOUTE VIE. LE MONDE ENTIER EST MA FAMILLE ! »

Le travail est achevé, le cycle est complet. Tout est en ordre. Je me libère et je lâche prise ; je donne volontiers

tout ce dont je n'ai plus besoin. Je suis généreux avec mes compagnons de voyage sur cette planète, car ce sont mes frères et sœurs. Je pardonne et j'oublie. J'offre librement mon cœur et mes biens. Je possède la compréhension et la plénitude, et je suis pleinement satisfait. Tout va bien dans mon monde.

Jour Personnel 11/2

COULEUR NOIR/BLANC OU GRIS PERLE | **PIERRE PRÉCIEUSE** ARGENT

SUIVEZ VOTRE ÉTOILE

11/2 est un Maître Nombre. Laissez tout esprit commercial derrière vous. Les vibrations d'aujourd'hui sont hautement spirituelles. Votre intuition est forte. Ne forcez rien. Soyez silencieux. Restez en paix. Laissez la journée suivre son cours et soyez à l'heure. Ne lisez pas. Intériorisez-vous. N'entamez pas de dispute ; vous ne gagnerez pas. De toute façon, ce n'est pas de votre faute. Soyez une lumière qui éclaire le monde. Vous pouvez être hautement inspiré aujourd'hui, comme vous pouvez inspirer autrui.

« JE SUIS MON ÉTOILE INTÉRIEURE ! »

Je suis branché sur un pipeline de sagesse et de connaissance, émanant de la source la plus haute. Sitôt que je me tourne vers l'intérieur, je trouve toutes les réponses à mes questions, par ma propre inspiration. J'inspire d'ailleurs moi-même les autres. Je suis un exemple lumineux d'amour et de lumière. Aujourd'hui j'étincelle et j'éclaire de manière à la fois douce et paisible.

Jour Personnel 22/4

COULEUR CORAIL/BRUN ROUX | **PIERRE PRÉCIEUSE** CORAIL/CUIVRE

DON DE SOI

22/4 est un Maître Nombre. Oubliez-vous et laissez de côté vos intérêts personnels. Tout ce que vous faites aujourd'hui doit être dans l'intérêt collectif. Travaillez pour votre communauté et pour le monde entier. Tous les plans que vous forgez doivent être de grande envergure et pour le bien de tous. Faites des choses pour les autres. Cela vous portera chance.

« JE BÉNIS CHACUN ET J'AIDE TOUT LE MONDE À PROSPÉRER ! »

C'est pour moi une joie et un plaisir que de partager tout ce que j'ai et ce que je suis avec chacun sur cette planète. J'offre librement mes talents, mes compétences et mes ressources. Mon point de vue est encore plus élevé et je travaille dans l'intérêt supérieur de toutes les personnes concernées. Je fais un avec l'univers, maintenant et à jamais.

VOTRE CALENDRIER PERSONNEL

EXEMPLE : *Si* septembre est votre Mois Personnel 3, alors octobre sera votre mois personnel 4...

	Lun.	Mar.	Mer.	Jeu.	Ven.	Sam.	Dim.	
SEPTEMBRE 2012						4 1	5 2	
	6 3	7 4	8 5	9 6	1 7	11/2* 8	*3* 9	
	4 10	5 11	6 12	7 13	8 14	9 15	1 16	Mois personnel #3
	2 17	*3* 18	22/4* 19	5 20	6 21	7 22	8 23	
	9 24	1 25	11/2* 26	*3* 27	4 28	5 29	6 30	
OCTOBRE 2012	5 1	6 2	7 3	8 4	9 5	1 6	11/2* 7	
	3 8	*4* 9	5 10	6 11	7 12	8 13	9 14	
	1 15	2 16	3 17	22/4* 18	5 19	6 20	7 21	Mois personnel #4
	8 22	9 23	1 24	11/2* 25	3 26	*4* 27	5 28	
	6 29	7 30	8 31					

Janvier

Lun.	Mar.	Mer.	Jeu.	Ven.	Sam.	Dim.

VOTRE MOIS PERSONNEL :

Février

Lun.	Mar.	Mer.	Jeu.	Ven.	Sam.	Dim.

VOTRE MOIS PERSONNEL :

Mars

Lun.	Mar.	Mer.	Jeu.	Ven.	Sam.	Dim.

VOTRE MOIS PERSONNEL :

Avril

Lun.	Mar.	Mer.	Jeu.	Ven.	Sam.	Dim.

VOTRE MOIS PERSONNEL :

Mai

Lun.	Mar.	Mer.	Jeu.	Ven.	Sam.	Dim.

VOTRE MOIS PERSONNEL :

Juin

Lun.	Mar.	Mer.	Jeu.	Ven.	Sam.	Dim.

VOTRE MOIS PERSONNEL :

Juillet

Lun.	Mar.	Mer.	Jeu.	Ven.	Sam.	Dim.

VOTRE MOIS PERSONNEL :

Août

Lun.	Mar.	Mer.	Jeu.	Ven.	Sam.	Dim.

VOTRE MOIS PERSONNEL :

Septembre

Lun.	Mar.	Mer.	Jeu.	Ven.	Sam.	Dim.

VOTRE MOIS PERSONNEL :

Octobre

Lun.	Mar.	Mer.	Jeu.	Ven.	Sam.	Dim.

VOTRE MOIS PERSONNEL :

Novembre

Lun.	Mar.	Mer.	Jeu.	Ven.	Sam.	Dim.

VOTRE MOIS PERSONNEL :

Décembre

Lun.	Mar.	Mer.	Jeu.	Ven.	Sam.	Dim.

VOTRE MOIS PERSONNEL :

LES COULEURS DANS L'ALIMENTATION

ROUGE

Pommes

Betteraves

Chou rouge

Cerises

Radis

Fraises

Framboises

Tomates

Pastèque

Viandes rouges

ORANGE

Abricots
Melon
Carottes
Mangues
Oranges
Kakis
Courges
Nectarines
Mandarines

JAUNE

Bananes
Maïs
Œufs
Pamplemousse
Citron
Huiles
Pêches
Ananas
Fromages
Patates douces

VERT

Asperges

Artichauts

Avocats

Toutes les salades

Les légumes verts

Les poires

BLEU

Myrtilles

Framboises de Logan

Certains raisins

Prunes

INDIGO (bleu marine)

(utilisez des aliments bleus et violets)

VIOLET

Mûres

Aubergines

Raisins foncés

Prunes violettes

Fruits de la passion

Dulse (algue)

À propos de Louise L. Hay

Conférencière, professeure de métaphysique et auteure de best-sellers, Louis L. Hay a publié de nombreux ouvrages, dont *Transformez votre vie* et *Oui à la femme*. Ses livres ont été traduits en 26 langues, dans 35 pays. Elle a déjà aidé des millions de gens à découvrir et à exploiter leur plein potentiel créateur à des fins de croissance personnelle et d'autoguérison.

Louise Hay est fondatrice et présidente de Hay House, Inc., une maison d'édition qui diffuse des livres et des cassettes audio et vidéo contribuant à guérir la planète.

Sites web : www.LouiseHay.com® et

www.YouCanHealYourLife.com®

Table des matières

NOTES

2013 ⇒ 2+0+1+3 = 6 (année universelle)

1+9+7+6 = 23 = 5

10 (octobre) 11 (jour d'octobre)

6+10+11 = 27 ⇒ 2+7 = 9 (année personnelle)

3 (mars 2013) 9+3 = 12 ⇒ 1+2 = 3 (mois personnel)

6+10+24 = 40 ⇒ 4+0 = 4

6+7+28 = 41 ⇒ 4+1 = 5

NOTES

+ - x ÷

NOTES

+ - x ÷

NOTES

+ - x ÷

NOTES

+ - x ÷

Achevé d'imprimer sur les presses de
l'Imprimerie Graphique de l'Ouest
au Poiré-sur-Vie (Vendée).

Dépôt légal : Septembre 2011
N° d'impression : 6604